PETIT
ALPHABET
DES
ANIMAUX

PETIT
ALPHABET ILLUSTRÉ

DES ANIMAUX.

C.

Typ. Haguenthal. à Pont-à-Mousson.

ÂNES. A B BOUQUETINS. B

CHIENS. C D DROMADAIRE. D

PETIT ALPHABET DES ANIMAUX.

PETIT
ALPHABET ILLUSTRÉ

𝕯𝕰𝕾 𝕬𝕹𝕴𝕸𝕬𝖀𝕏

PRÉCÉDÉ ET SUIVI

DE NOTIONS DE GRAMMAIRE

et de Faits Historiques.

E. H

PONT-A-MOUSSON,

HAGUENTHAL,

Imprimeur-Éditeur.

—

M DCCC LXIV.

PARIS,

GUÉRIN-MULLER et Cᵉ

Libraires-Éditeurs,

Nº 3,

RUE DU GRAND CHANTIER.

1865

(731)

A B C D E F

G H I J K L

M N O P Q R

S T U V X Y Z

Æ Œ W Ç É È

1 2 3 4 5 6 7 8 9 0

A B C D E F G

H I J K L M N

O P Q R S T U

V X Y Z Æ Œ

W Ç É È &.

1 2 3 4 5 6 7 8 9 0

A B C D E F G H I J K L M N O P
Q R S T U V X Y Z Æ Œ W Ç É È Ê

A B C D E F G H
I J K L M N O P
Q R S T U V X Y Z
Æ Œ W Ç É È Ê
1 2 3 4 5 6 7 8 9 0

a b c d e f g h i j k
l m n o p q r s t u
v x y z æ œ w ç
é à è ù â ê î ô û

A B C D E F G H I

J K L M N O P Q R

S T U V X Y Z.

Æ Œ W Ç É È Ê

1 2 3 4 5 6 7 8 9 0

A B C D E F G H I J K L

M N O P Q R S T U V X Y Z

Æ Œ W Ç É È Ê &

1 2 3 4 5 6 7 8 9 0

NOTIONS DE LECTURE

MOTS COMPOSÉS

DE SYLLABES DE DEUX LETTRES

Di-eu, pa-pa, mé-na-ge, es-pa-ce, a-vi-de, ha-bi-tu-de, in-ti-mi-té, ma-da-me, me-na-ce, ca-ma-ra-de, po-pu-la-ce, ex-té-nu-er, mi-nu-te, ca-na-pé, cu-ri-o-si-té, oc-cu-pa-ti-on, dé-li-er, ma-ri-a-ge, gé-né-ro-si-té, fi-o-le, ca-lo-ri-fè-re, ha-bi-ta-ti-on, mé-ca-ni-ci-en.

NOTIONS DE LECTURE

MOTS COMPOSÉS

DE SYLLABES DE DEUX ET TROIS LETTRES

Ma-man, bon-bon, sol-dat, jar-din, mou-ton, pro-mes-se, cam-pa-gne, po-li-chi-nel-le, ma-gis-tra-tu-re, men-son-ge, fra-ter-ni-té, pu-bli-ca-ti-on, im-pé-ra-tri-ce, pa-pil-lon, sou-ve-nir, é-ter-nel, é-tan-çon-ner, fla-geo-let, gé-né-ral, ca-le-bas-se, bi-sa-ï-eul, vul-ga-ri-ser, his-toi-re, ma-gi-que, ma-dri-er.

NOTIONS DE LECTURE

MOTS COMPOSÉS

DE SYLLABES DE QUATRE ET CINQ LETTRES

A-près, é-poux, bon-heur, em-pe-
reur, ro-cher, vê-te-ment, fraî-cheur,
cha-leur, pos-ses-seur, té-moi-gner, ha-
bi-tant, gou-ver-neur, co-mé-di-en, cou-
teau, cha-peau, plan-chet-te, con-ju-guer,
mois-son, mon-ta-gne, res-tau-rant, quin-
con-ce, quar-tier, ta-bleau, fleur, a-gneau,
fau-bourg, mar-queur, fau-cheur, mon-
sei-gneur, che-vreau, fer-blanc.

NOTIONS DE LECTURE

SYLLABES RÉUNIES

Dieu, papa, ménage, espace, avide, habitude, intimité, madame, menace, camarade, populace, exténuer, minute, canapé, curiosité, maman, bonbon, soldat, jardin, mouton, promesse, campagne, magistrature, mensonge, fraternité, empire, publication, après, époux, bonheur, empereur, rocher, distribution, pénétration, numérateur, pensionnaire, moissonneur, pénitencier, monseigneur.

E ÉMÉRILLONS. E F FAISAN. F

G GRUES. G H HÉRONS. H

ÉLÉMENTS DE GRAMMAIRE

PREMIÈRES NOTIONS, DIVISÉES EN QUATRE LEÇONS

PREMIÈRE LEÇON

L'Alphabet se compose de vingt-cinq lettres : Ces lettres sont voyelles ou consonnes.

Les voyelles forment toutes seules, un son, une voix ; il y en a six : *a, e, i, o, u, y.*

Les consonnes ne forment un son qu'avec le secours des voyelles ; il y en a dix-neuf : *b, c, d, f, g, h, j, k, l, m, n, p, q, r, s, t, v, x, z.*

ÉLÉMENTS DE GRAMMAIRE

DEUXIÈME LEÇON

La lettre E forme quatre sons différents ; l'*e* muet, l'*é* fermé, l'*è* ouvert, l'*ê* très-ouvert.

L'*e* muet n'a qu'un son sourd et peu sensible, comme dans *demande*, *homme*. — L'*é* fermé se prononce en ouvrant légèrement la bouche, comme dans *vérité, bonté*. — L'*è* ouvert a le son plus fort et plus prononcé, comme dans *procès, succès*. — L'*ê* très-ouvert se prononce la bouche entièrement ouverte, en traînant la voix, comme dans *tête, fête*. — L'*y* a le son de l'*i* lorsqu'il est entre deux consonnes comme dans *syllabe*. Il remplace deux *i* quand il se trouve après une voyelle, comme dans *pays, payer*, qui se prononcent *pai-is, pai-ier*.

ÉLÉMENTS DE GRAMMAIRE

TROISIÈME LEÇON

Il y a trois accents : L'accent aigu, l'accent grave, l'accent circonflexe.

L'accent aigu sert à indiquer le son de l'*é* fermé. — L'accent grave, celui de l'*è* ouvert; il se place aussi sur les voyelles *à* et *ù*. — L'accent circonflexe, celui de l'*é* très-ouvert; il se place également sur les voyelles *â, î, ô, û*. — Cependant l'accent grave ne se met pas sur l'*è* ouvert quand cet *è* est suivi d'une consonne avec laquelle il forme une syllabe, comme dans *mer, aimer*.

ÉLÉMENTS DE GRAMMAIRE

QUATRIÈME LEÇON

Le signe suivant sous le ç se nomme cédille, ce ç se prononce comme un s devant les voyelles *a, o, u*. Exemple : *façade, hameçon, reçu.*

On appelle tréma, deux points placés parfois sur les voyelles *ë, ï, ü;* ces lettres doivent alors se prononcer séparément de la voyelle qui précède ou qui suit, comme dans *poëme, haïr, Ésaü.*

ÉLOGE DES CHIENS

Mille exemples nous prouvent, chaque jour, combien l'éloge des chiens est mérité; nous ne citerons que les plus nouveaux ou les plus surprenants.

Un jeune homme qui habitait Perpignan avec sa famille, fut arrêté sous le poids d'une grave accusation et conduit à Paris.

Le chien de la maison suivit la voiture qui emmenait son maître et arriva avec lui à la porte de la prison. Le geôlier voulut d'abord chasser cet hôte importun; mais il finit par céder aux prières du jeune

LE CHIEN DU MIDDLESEX

Un fermier du Middlesex avait parfaitement dressé son chien à rapporter; un jour qu'il se rendait à la ville voisine, où ses affaires devaient le retenir quelque temps, il s'aperçut, chemin faisant, qu'il avait perdu la clef de sa montre; aussitôt il cria à son chien : Cherche, Fox, et se remit en route, persuadé que l'intelligent animal ne tarderait pas à le rattraper. Arrivé seul à la ville, il attendit quelques jours sans que le chien reparût et finit par croire qu'il l'avait perdu pour toujours. Un matin, sa porte s'ouvre brusquement et Fox reparaît, traînant fièrement quelques lambeaux d'étoffe, qu'il dépose aux pieds de son maître. Le fermier examine le trophée que lui ramenait son chien et reconnaît que c'est un gilet déchiré, taché de boue, et qui contient, dans une des poches, une bourse, et dans l'autre une montre à laquelle sont attachées deux clefs; une de ces clefs était celle qu'il avait perdue.

Notre campagnard, fort intrigué de cette aventure, se rendit à la taverne fréquentée par ses amis, et leur conta ce qui venait de lui arriver : naturellement Fox

l'avait suivi. Chacun s'ingéniait à chercher le mot de l'énigme, quand tout à
coup de formidables jurons, mêlés aux
cris plaintifs d'un chien, retentirent dans
la taverne et suspendirent toutes les con-
versations. Un homme qui venait d'entrer
avait empoigné le pauvre Fox par la peau
du cou et l'apostrophait de la plus rude
façon. — Chien maudit, s'écriait-il, chien
du diable, voleur de chien, je ne sais ce
qui me retient de t'étrangler !

— Eh l'ami ! lui cria le fermier, laissez
ce chien tranquille, et calmez-vous.

— Laisser ce chien tranquille ! me cal-
mer ! répondit l'autre avec une fureur
croissante, vous ne savez donc pas ce qu'il
m'a fait, ce chien d'enfer ? Voilà huit

jours qu'il s'attache à mes pas, sans que je parvienne à m'en débarrasser. Je le chasse par une porte, il rentre par une autre. Enfin, hier soir, je m'en croyais délivré, il n'avait pas reparu de toute la journée, quand, ce matin, (j'étais encore au lit, et ma porte était entr'ouverte), il se glisse dans ma chambre, et je n'ai que le temps de le voir sauter sur une chaise, prendre mon gilet et s'enfuir à toutes jambes ; mais il me le paiera, le voleur ! Un gilet où j'avais laissé ma montre et ma bourse ! Et vous voulez que je sois calme ?

Le fermier l'interrompit de nouveau.

— N'y avait-il pas deux clefs à votre montre ?

— Si, assurément. Vous l'avez donc vue?

— Répondez. Dites-moi, d'abord, d'où vous viennent ces deux clefs.

La victime de Fox ayant répondu qu'il avait acheté l'une de ces clefs, il y avait une douzaine d'années, et qu'il avait trouvé l'autre sur la grand'route, le fermier l'engagea à venir s'asseoir à sa table en lui promettant de lui rendre son gilet intact, et de lui expliquer la conduite de son chien.

Le plaisir et la surprise des assistants ne furent pas médiocres, quand ils entendirent l'explication de cette curieuse histoire, et ce fut à qui prodiguerait des caresses et des éloges à Fox, le héros de l'aventure.

I̶ INDES (LES ÉLÉPHANTS AUX) I̶   J   JAGUARS.   J

K   KANGUROO.   K   L   LIONS.   L

LE CHIEN QUI DINE EN VILLE

Les anciens habitués du Luxembourg peuvent se rappeler M. l'abbé *trente mille hommes*, nouvelliste intrépide, qui avait acquis ce nom par la fermeté avec laquelle il décidait des droits et des intérêts de tous les souverains de l'Europe, moyennant *trente mille hommes* d'une nation ou d'une autre, qui, à sa volonté, passaient les rivières, gravissaient les montagnes, prenaient les villes, gagnaient les batailles. Disciple de Turenne, il n'était pas pour les grandes armées : trente mille hommes suffisaient à tout. L'ardeur guerrière de cet abbé ne pouvait souffrir le casernement. Il arrivait au jardin de bonne heure, déjeunait au café de la grande porte des Carmes, buvait le soir une bouteille de bière, et mangeait, conjointement avec son chien, six échaudés à la porte d'Enfer, ne quittant la place que lorsque les suisses l'avaient plusieurs fois prié de sortir. Les jours de pluie, il restait chez l'un des trois suisses à lire, relire et commenter la gazette, adressant la parole à son chien, lorsqu'il n'y avait pas d'autre compagnie. Il mourut. *Sultan*, son fidèle ami, chien-loup de moyenne taille, d'un gris roussâ-

tre, dédaigna de prendre un autre maître,
quoique plusieurs amis de l'abbé lui eussent offert un asile. — Depuis longtemps,
son domicile habituel était le jardin. — Il
y resta, couchant sur les chaises, quand
il faisait beau, et dessous, dans le mauvais temps. — Il conservait de l'affection
pour le groupe des nouvellistes, les suivait
dans leurs lentes promenades, s'arrêtait
avec eux durant leurs longues stations,
regardait attentivement les figures qu'ils
traçaient sur le sable, obtenait aisément
des preneurs de café au lait, quelques
morceaux de pain, des buveurs de bière,
quelques échaudés qu'il saisissait en l'air
à merveille, et des pratiques du traiteur,
quelques autres débris.

Il ne tenait cependant pas si fortement au Luxembourg, qu'il ne fût très-heureux quand on l'invitait à dîner en ville, ce qui devint assez fréquent, lorsqu'on eut remarqué combien il était sensible à cette politesse. La formule était : *Sultan, veux-tu venir dîner chez moi?* Quelques-uns, encore plus civils, lui demandaient : Veux-tu me faire l'honneur de venir dîner aujourd'hui chez moi? Il acceptait avec caresses, s'il n'était pas engagé. Au contraire, s'il avait déjà promis, après un petit signe de reconnaissance, il allait se ranger à côté du premier invitateur. Il l'accompagnait pas à pas, bondissant en sortant du palais, dînait de grand appétit, et tant que durait le festin, faisait mille gentillesses, était bon convive. La nappe enlevée, il attendait quelques moments, témoignant encore de la satisfaction. En-suite il demandait poliment à sortir, et si l'on tardait à ouvrir la porte, il gémis-sait, puis se courrouçait.

On a souvent essayé de le retenir; il s'échappait, et ne se rapprochait plus de ceux qui avaient voulu transformer une marque de bienveillance en un titre d'es-clavage. Un maladroit, qui, peut-être, l'aimait, mais qui n'était pas assez délicat pour sentir qu'on ne peut conquérir par la force une âme élevée, osa le faire atta-cher. Sultan fut dans l'indignation, mor-dit l'exécuteur, rongea la corde, s'enfuit au galop, et n'a jamais rencontré ce faux et perfide ami, sans lui reprocher sa trahison par de violents abois, ni sans terminer la querelle par un geste méprisant.

J'ai connu Sultan, dit M. Dupont de Nemours qui raconte cette histoire; il m'a fait plusieurs fois l'honneur de dîner chez moi, parce que je respectais scrupuleusement sa liberté.

Il y restait même plus longtemps qu'ailleurs, parce qu'il s'était convaincu qu'on lui ouvrait la porte à sa première réquisition.

LE CHIEN D'ARRÊT

ET LE CHASSEUR MALADROIT

Un riche financier était allé passer quelques jours à la maison de campagne d'un de ses amis.

Notre millionnaire ne tarda pas à s'ennuyer de son tête-à-tête continuel avec la nature, et accepta avec joie la proposition que lui fit son ami de lui prêter son fusil et son chien, afin qu'il pût se donner la distraction de la chasse.

Le lendemain, dès le lever du soleil, notre chasseur improvisé est en campagne.

La chance paraît devoir le favoriser; car, dès les premiers pas, une compagnie de perdreaux s'envole. Deux coups de feu se succèdent ; le chien s'élance pour ramasser les blessés, mais il revient désappointé; les deux coups de fusil ont porté dans le vide. — Un quart-d'heure après, nouvelle volée de perdrix, nouveau coup de fusil, et même désappointement du chien qui regarde gravement son compagnon, comme s'il se demandait s'il était de sa dignité de suivre un si piètre chasseur.

Il se remet cependant en quête, et fait lever un lièvre. Le financier tire et manque.

Alors le chien s'approche de lui, et, après avoir flairé ses bottes, lève la jambe..... puis file tout droit vers la maison de son maître.

Le chasseur abandonné s'en retourna de son côté, en maudissant le chien, la chasse et le gibier.

LE CHIEN DU DÉCROTTEUR

Il n'y a pas bien longtemps, on voyait au coin d'une des rues de Paris, un décrotteur dont la chance constante faisait l'envie et le désespoir de tous ses rivaux.

C'est à peine s'il pouvait suffire à ses nombreuses pratiques, et on eût dit que tous les gens crottés de Paris s'étaient donné rendez-vous devant sa boutique en plein vent.

Le commissaire de police du quartier, humilié des nombreux reproches que lui valait la prétendue malpropreté des rues placées sous sa surveillance, découvrit enfin le secret de cette fortune mystérieuse.

Notre enfant de la Savoie, ou plus probablement de l'Auvergne, avait dressé son chien à crotter les gens, et se faisait ainsi des pratiques.

Tant que le décrotteur était occupé, le chien restait tranquillement assis à côté de son maître ; mais, aussitôt que la besogne était terminée, il s'élançait, choisissait du coin de l'œil le passant qui était mis avec le plus de soin, et sautant brusquement à côté de lui dans le ruisseau qui

longe le trottoir, l'éclaboussait des pieds
à la tête ; le plus souvent, pour surcroît
de précaution, il passait et repassait deux
ou trois fois entre les jambes de sa victime,
et la laissait alors aller réclamer les soins
intéressés du spéculateur en cirage.

M MOUFLONS. M N NILGAUTS. N

O OURS. O P PAON. P

LE CHIEN SONNEUR DE CLOCHES

Un chien était l'hôte d'un couvent de capucins.

C'était lui qui veillait la nuit sur le repos des bons religieux, et qui accompagnait, le jour, le frère quêteur dans ses courses aux environs.

Ces dernières fonctions lui avaient valu le nom de *Besace*.

Une des habitudes de la communauté était, quand un religieux s'était trouvé pères ne purent retenir leur hilarité, et, pour ne pas priver Besace des fruits de son industrie, ils décidèrent que dorénavant on lui servirait son dîner quand il lé demanderait, mais que sa pitance serait simplement composée de ce qui serait resté sur les assiettes.

La fidélité des chiens est si connue qu'il semble inutile d'en donner des exemples. Nous en citerons un cependant, que l'histoire nous a conservé, parce qu'il fait également honneur au chien qui l'a donné, et au maître qui a su le récompenser dignement.

Christian I, roi de Danemarck, vaincu par ses sujets révoltés, se vit abandonné par ses amis et ses courtisans ; son chien seul, nommé *Wildbrat,* lui demeura fidèle dans son malheur.

Ce contraste entre la reconnaïssance d'un chien et l'ingratitude des hommes, toucha tellement ce prince, qu'il grava sur l'ordre le plus distingué du Danemarck les lettres suivantes : T. I. W. B., qui signifient, en abrégé, dans la langue du pays : *Wildbrat fut fidèle.*

Pour que l'éloge des chiens ne l'emporte pas trop sur celui des hommes, nous raconterons un trait malin qui nous rappellera qu'à toutes les belles qualités de ces fidèles serviteurs de l'homme se mêlent quelques défauts, la gourmandise, par exemple.

Sous la Terreur, un chien nommé *Ra-*

vage, que sa taille, sa force et son intelligence avaient rendu l'effroi des prison-
niers, était chargé, pendant la nuit, de
garder les cours de la prison des Made-
lonnettes.

Cependant un matin, des émigrés étant
parvenus à s'évader, le geôlier en chef,
qui ne comprenait pas comment on avait
pu tromper la vigilance de Ravage, s'a-
perçut que le terrible Cerbère avait, atta-
ché à la queue, un assignat de trois livres
avec un petit billet où étaient écrits ces
mots : « On peut corrompre Ravage avec
un assignat de trois livres et un paquet
de pieds de mouton. »

Ravage promenait ainsi son infamie, et
livrait lui-même le secret de sa trahison.

LE CHAT
ET LE MOINEAU.

———

L'animal domestique qui a la plus mauvaise réputation est le chat : on l'accuse d'être ingrat et égoïste ; cependant il a souvent fait preuve de bon cœur, et voici, entre autres, un fait qui l'honore.

Notre anecdote commence comme la fable de Lafontaine intitulée *le Chat et le Moineau*.

Un chat contemporain d'un fort jeune moineau
Fut logé près de lui dès l'âge du berceau.
La cage et le panier avaient mêmes pénates.
Le chat était souvent agacé par l'oiseau.
L'un s'escrimait du bec, l'autre jouait des pattes.
Ce dernier toutefois épargnait son ami,
    Ne le corrigeant qu'à demi,
    Il se fut fait un grand scrupule
    D'armer de pointes sa férule.
    Le passereau, moins circonspect,
    Lui donnait force coups de bec.
    En sage et discrète personne,
    Maître chat excusait ces jeux.
Entre amis il ne faut jamais qu'on s'abandonne
Aux traits d'un courroux sérieux.
Comme ils se connaissaient tous deux dès leur bas âge,
Une longue habitude, en paix les maintenait :
Jamais en vrai combat, le jeu ne se tournait.

Un chat donc avait pour camarade un moineau. Un jour d'été, ils jouaient tous deux, la fenêtre ouverte, au grand plaisir de leur maître. Tout à coup le chat saute sur le moineau, le prend dans la gueule, d'un bond atteint une table, d'un autre le haut d'une armoire, et là se cache de son mieux.

Le maître se lève, persuadé que l'oiseau est perdu, et s'aperçoit qu'un chat étranger est entré dans la chambre. Il le chasse et ferme la fenêtre. Alors le chat sort du coin où il s'était blotti, descend par le chemin qu'il avait pris pour monter, et pose délicatement à terre son ami le moineau, auquel il venait de sauver la vie.

LE SINGE

QUI NE VEUT PAS CHAGRINER SON MAITRE.

Le Singe de Charles-Quint.

Une riche famille anglaise possédait un singe de la grande espèce qui avait été dressé à remplir l'office de laquais, et qui s'acquittait de ses fonctions avec une rare intelligence. Plusieurs morts successives étant venues affliger cette famille, Jack, c'était le nom du singe, remarqua que chaque fois qu'il remettait à ses maîtres une lettre cachetée de noir, le deuil entrait dans la maison.

Une lettre de ce genre étant arrivée encore une fois, Jack, qui était chargé de la porter comme à l'ordinaire, fut surpris par un domestique au moment où il arrachait le cachet de cire noire. Il espérait ainsi éviter une nouvelle douleur à ses maîtres.

Le Singe de Charles-Quint.

Le père Hardouin rapporte que Charles-Quint avait un singe qui jouait aux échecs. Un jour, cet animal l'ayant fait échec et mat, l'empereur fut si piqué, qu'il lui donna un soufflet. Le singe ne se soucia plus de batailler avec un aussi rude joueur que ce prince.

Enfin, une autre fois, faisant la partie

avec l'empereur, et étant encore sur le
point de le faire échec et mat, il se sou-
vint si bien du soufflet qu'il avait reçu en
pareille circonstance, qu'il eut la précaution de se couvrir, auparavant, la tête d'un
coussin qui se trouvait près de lui ; Charles-Quint ne put s'empêcher de rire de
cette prévoyance de son singe.

QUATRACAS. RENARD.

SERPENT. TIGRES.

PETIT ALPHABET DES ANIMAUX.

L'ÉLÉPHANT

ET LE CHAUDRONNIER.

A Pondichéry, il n'est pas rare de voir
les éléphants faire le métier de commis-
sionnaire, et porter ou aller chercher les
objets nécessaires au ménage, dans les
endroits qu'on leur indique.

Un jour, un éléphant alla porter chez le
chaudronnier une chaudière qui était
percée, et, après avoir attendu que les ré-
parations convenables eussent été faites,

il reprit la chaudière et la rapporta à son maître.

Le raccommodage était mal fait, et l'éléphant dut reprendre la chaudière, et la reporter au chaudronnier.

Mais pour punir l'ouvrier de sa négligence, et lui faire comprendre que la réparation n'était pas complète, avant d'arriver au bout de sa course, il remplit d'eau la chaudière à une fontaine voisine, et, la trompe haute, la tint suspendue au-dessus du chaudronnier occupé à son ouvrage, de manière à lui arroser la tête avec le filet d'eau qui s'échappait du trou non bouché.

LA CHÈVRE.

Trait d'intelligence donné par des chèvres.

Pline raconte dans son *Histoire naturelle* un trait qui fait honneur à l'intelligence des chèvres.

Deux chèvres, dit–il, se rencontrèrent sur un pont long et étroit : ou, pour laisser à Lafontaine le soin de commencer ce récit :

> Deux chèvres s'émancipant,
> Toutes deux ayant patte blanche,
> Quittèrent les bas prés, chacune de sa part :
> L'une vers l'autre allait, pour quelque bon hasard.

Un ruisseau se rencontre, et pour pont une planche.
Deux belettes à peine auraient passé de front
            Sur ce pont :
D'ailleurs l'onde rapide et le ruisseau profond
Devaient faire trembler de peur ces amazones.

Le danger était grand : d'un côté il leur était impossible de passer l'une à côté de l'autre sur une planche trop étroite ; de l'autre, en reculant, elles s'exposaient à être jetées dans le torrent par un faux pas. Que faire ?

Le moyen fut bientôt trouvé.

Une chèvre se coucha sur le ventre, et l'autre continua son chemin en lui passant sur le corps.

Qu'eût fait de mieux un homme ?

LA MULE.

On lit, dans l'*Histoire des animaux,* qu'un gentilhomme de Florence, possédant une mule vicieuse, résolut de l'exposer aux animaux féroces de la ménagerie du grand-duc.

On l'amena dans une cour sur laquelle s'ouvraient les grilles des lions, des tigres et des panthères, et on lâcha contre elle un lion.

La mule, loin de trembler de tous ses membres à l'aspect du roi des animaux et en entendant ses horribles rugissements, se retira dans un coin de la cour, et là, sûre de ne pouvoir être attaquée que d'un côté, la tête appuyée contre le mur et légèrement tournée vers son ennemi pour surveiller ses mouvements, elle attendit bravement l'attaque, se fiant à son courage et à la vigueur de ses jambes de derrière.

Le lion, qui parut comprendre la tactique de son adversaire, décrivit d'abord de grands cercles en rasant la terre ; puis, soudain, croyant trouver la mule en défaut, bondit sur elle ; mais il fut arrêté en route par une furieuse ruade, qui lui brisa neuf ou dix dents, dont on vit sauter en l'air les fragments.

Alors la bête féroce, découragée par l'insuccès de sa première attaque, et ne se trouvant plus en état de combattre, se retira à reculons dans sa loge, en laissant la mule, maîtresse du champ de bataille.

LA CHIENNE ET SES PETITS.

RESPECT DES JEUNES LAPINS POUR LEUR PÈRE.

Le Rat aveugle.

———————◇◇◇◇◇❊◇◇◇◇◇———————

Un des exemples les plus attendrissants de l'amour maternel a été donné par une chienne. On le trouve dans le *Journal économique* de 1765.

Un particulier avait dans sa meute une chienne qu'il aimait beaucoup.

Cette bête ayant mis bas, il prit le temps où elle était absente, pour noyer ses petits dans un étang voisin.

La chienne les chercha, et, les ayant

trouvés noyés, elle les apporta les uns
après les autres aux pieds de son maître,
et lorsqu'elle fut au dernier, elle le regarda fixement et expira sur-le-champ.

Si les femelles des animaux ont pour
leurs petits un sentiment si profond d'a-
mour maternel, leurs enfants, à leur tour,
ne sont pas dépourvus des sentiments de
reconnaissance et de tendresse qui font
l'amour filial.

Le père est souvent, parmi les animaux,
l'objet du même respect et des mêmes
égards que dans la famille humaine.

Écoutons ce que nous raconte Buffon :

« La paternité chez les lapins est très-
respectée ; j'en juge ainsi, par la grande
déférence que tous mes lapins ont eue

pour leur premier père, qu'il m'était aisé
de reconnaître à cause de sa blancheur :
la famille avait beau s'augmenter ; ceux
qui devenaient pères à leur tour lui étaient
subordonnés ; s'il survenait une querelle,
soit pour des femelles, soit qu'ils se dis-
putassent la nourriture, le grand-père,
qui entendait du bruit, accourait de toute
sa force, et, dès qu'on l'apercevait, tout
rentrait dans l'ordre ; s'il en attrapait quelques-uns aux prises, il les séparait et en
faisait sur-le-champ un exemple de puni-
tion. Une autre preuve de sa domination
sur toute sa postérité, c'est que, les ayant
accoutumés à rentrer tous à un coup de
sifflet, lorsque je donnais ce signal et
quelque éloignés qu'ils fussent, je voyais

le grand-père se mettre à leur tête, et, quoique arrivé le premier, les laisser tous défiler devant lui et ne rentrer que le dernier »

Antigone, la tendre fille de l'aveugle Œdipe, a vu son dévoûment égalé par des rats.

Voici le récit authentique de ce fait, qui a fourni, plus tard, à Florian le sujet de sa fable du *Rat aveugle*; on le trouve dans le *Journal encyclopédique* de 1757.

Un officier allemand écrit à un de ses amis : J'étais ce matin dans mon lit à lire ; j'ai été interrompu tout à coup par un bruit semblable à celui que font les rats qui grimpent entre une double cloison, et qui tâchent de la percer. Le bruit cessait

quelques moments et recommençait en-
suite. Je n'étais qu'à deux pieds de la
cloison : j'observai attentivement; je vis
paraître un rat sur le bord d'un trou, il
regarda sans faire aucun bruit, et ayant
aperçu ce qui lui convenait, il se retira.
Un instant après, je le vis reparaître ; il
conduisait par l'oreille un autre rat plus
gros que lui et qui paraissait vieux. L'ayant
laissé sur le bord du trou, un autre jeune
rat se joint à lui; ils parcourent la chambre, ramassent des miettes de biscuit, qui,
au souper de la veille, étaient tombées de
la table, et les portent à celui qu'ils avaient
laissé au bord du trou; cette attention
dans ces animaux m'étonna. J'observai
toujours avec plus de soin. J'aperçus que

PETIT ALPHABET DES ANIMAUX.

U U UNAUS. U U V V VACHES. V V

X
XIPHIAS

Y Y YACK. Y Y Z Z ZÉBUS. Z Z

Lith. Haguenthal à Pont-à-Mousson.

l'animal auquel les deux autres portaient
à manger, était aveugle et ne trouvait
qu'en tâtonnant le biscuit qu'on lui pré-
sentait. Je ne doutai plus que les deux
jeunes ne fussent ses petits, qui étaient
les pourvoyeurs fidèles et assidus d'un
père aveugle. J'admirais en moi-même la
sagesse de la nature, qui a mis, dans les
animaux, une intime tendresse, une reconnaissance, je dirais presque une vertu,
proportionnée à leurs facultés. Dès ce moment, ces animaux abhorrés semblaient
devenir mes amis. Ils me donnaient, pour
me conduire en pareil cas, des leçons
que je n'aurais pas trouvées chez les
hommes.

J'étais dans une rêverie agréable, admirant ces petits animaux, que je craignais qu'on interrompît.

Une personne entra dans ce moment. Les deux jeunes rats poussèrent un cri pour avertir l'aveugle; et, malgré leur frayeur, ne voulurent pas se sauver que le vieux ne fût en sûreté.

Ils rentrèrent à sa suite et lui servirent, pour ainsi dire, d'arrière-garde.

ATTACHEMENT D'UNE VACHE

à sa maîtresse.

———◦———

« J'ai été témoin, dit M. Guer, dans son *Histoire critique de l'âme des bêtes*, du trait suivant :

» Nous nous promenions dans la campagne, le chevalier Despuèches, un de ses amis et moi, lorsque nous vîmes un jeune garçon qui, à grands coups de bâton, forçait une vache à continuer son chemin.

» Celle-ci faisait vingt pas, et revenait ensuite pour entrer dans une petite ruelle.

» — Elle a appartenu, nous dit-il, à un paysan dont la maison est dans cette ruelle, et qui l'a vendue il y a huit jours. La pauvre bête, depuis ce temps, ne mange presque pas, et, chaque fois qu'elle passe près d'ici, elle s'échappe et veut absolument retourner à son ancien gîte.

» L'affection de cet animal pour son premier maître nous parut remarquable et nous engagea à aller voir ces bonnes gens.

» Nous entrâmes dans une chaumière, et nous trouvâmes le père de famille couché sur un mauvais lit, où la paille lui servait de matelas. Nous demandâmes à la ménagère pourquoi elle avait vendu sa vache.

» Au nom seul de l'animal, la bonne femme se mit à pleurer, et nous dit, en sanglotant, que n'ayant pas de quoi soulager son mari, malade depuis longtemps, elle avait été forcée de vendre sa mère nourricière, chose d'autant plus affligeante que cette vache leur était extrêmement attachée, et qu'elle se désespérait depuis qu'elle n'était plus avec eux.

» — Ma bonne, dit le chevalier, ne pleurez plus.

» Le Ciel nous envoie ici pour vous consoler.

» Voici de quoi racheter votre vache, allez la chercher sur-le-champ.

» Un tremblement de joie saisit cette femme.

» Elle n'avait la force ni de remercier, ni de parler ; mais elle eut celle de courir, et de revenir presque aussitôt avec le sujet de ses larmes et l'objet de ses désirs.

» La vache rentra sous nos yeux, mugissant d'allégresse, et marquant par ses sauts combien elle était contente de retrouver ses anciens maîtres. »

LES DEUX BLAIREAUX.

LE VIEUX CHEVAL.

LES FOURMIS NOYÉES.

LES HIRONDELLES LIBÉRATRICES.

Deux paysans du bourg de Rouillé, dans le département de Maine-et-Loire, trouvèrent un jour, dans un chemin creux, un blaireau que leur chien fit sortir d'un fossé ; ils l'assommèrent à coups de bâton et le traînèrent avec une corde dans la direction du village, où ils se proposaient de l'écorcher pour vendre sa peau.

A peine les voyageurs avaient-ils fait quelques pas, que l'un d'eux aperçut, en tournant la tête, un autre blaireau qui les suivait d'un air triste.

Ils s'arrêtèrent, et le malheureux animal vint se jeter sur le corps de son camarade et se laissa traîner avec lui.

Ils l'emmenèrent ainsi jusqu'au village, où les enfants se jetèrent sur le blaireau vivant et le tuèrent.

La Fontaine a dit : *Qu'il faut s'entr'aider, c'est la loi de nature.*

Ici encore les animaux pratiquent, sur une large échelle, cette charité secourable.

L'auteur des *Observations militaires* rapporte qu'un cheval de sa compagnie, ayant les dents usées au point de ne pouvoir plus mâcher le foin et broyer l'avoine, fut nourri par les deux chevaux, ses voisins de droite et de gauche, qui préparaient ses aliments et les plaçaient ensuite devant lui.

Nous laisserons à un naturaliste distingué et à un homme de bien, que nous avons cité déjà, M. Dupont de Nemours, le soin de raconter deux traits de charité, dûs aux animaux, dont il a été lui-même le témoin, dit-il dans ses *Mémoires*.

« Les fourmis étaient en hostilité ouverte avec moi pour mon sucre, dont je ne suis guère moins friand qu'elles. J'avais placé le sucrier dans une île, c'est-à-dire au milieu d'une jatte d'eau. Il fallut imaginer le moyen de forcer ma forteresse,

et voilà le parti que prirent mes petites
adversaires :

» Elles montèrent le long du mur jusqu'au plafond, bien perpendiculairement
au-dessus du sucrier, et de là, il s'en laissa
tomber un grand nombre dans la place.

» Mais le plancher étant élevé, le moin-
dre courant d'air pouvait les faire dévier,
et plusieurs tombèrent à côté du sucrier,
dans la jatte.

» Celles qui étaient les plus proches de
la tour au sucre y arrivèrent à la nage;
d'autres se noyèrent; d'autres gagnèrent
le bord extérieur, après avoir été témoins
du malheur de leurs compagnes. Elles
auraient bien voulu leur rendre service;
mais elles n'osaient. Quelques-unes se

tenant par une patte de derrière au riva-
ge, s'allongeaient autant qu'elles pou-
vaient vers celles qui nageaient encore;
mais elles craignaient de se remettre à
l'eau sur un aussi grand lac; elles en
amenaient d'autres de la même taille, qui
tentaient la même manœuvre, avec le
même zèle et la même timidité. Enfin,
quelques-unes s'avisèrent de retourner à
leur ville.

» Elles amenèrent une petite escouade
de huit grenadières, qui se jetèrent à l'eau
sans balancer, et, nageant vigoureuse-
ment, saisirent dans leurs pinces et rap-
portèrent à bord toutes les noyées.

» Là, quel fut mon étonnement de les
voir, grandes et petites, donner à ces

noyés à peu près les mêmes secours qui
servent à rappeler les nôtres à la vie!
Elles les roulèrent dans la poussière; elles
les frottèrent; elles s'étendirent dessus
pour les réchauffer; elles les roulèrent et
les frottèrent encore. Plusieurs concou-
raient au travail pour chaque noyée. Sur
onze fourmis qui avaient perdu connais-
sance, et qui seraient mortes si on ne leur
eût pas porté secours, elles en ranimèrent
quatre parfaitement, et en emportèrent
une malade, mais qui remuait un peu les
pattes et les antennes. Elles emportèrent
de même les six autres, qui ne donnaient
aucun signe de vie.

» M. Pia et notre savant collègue Portal,
de l'Institut, ne nous en ont pas appris

beaucoup plus; ils n'auraient pu nous en
apprendre davantage, si nous n'eussions
pas su faire du feu, et employer la fumée
des plantes stimulantes. »

L'autre exemple de la charité instinctive
qui porte les oiseaux à se secourir mutuellement, a été donné par des hirondelles.

« J'ai vu, dit le savant académicien, une
hirondelle qui s'était, malheureusement,
et je ne sais comment, pris la patte dans
le nœud coulant d'une ficelle dont l'autre
bout tenait à une gouttière du collége des
Quatre-Nations. Sa force épuisée, elle
pendait et criait au bout de la ficelle qu'elle
relevait quelquefois en voulant s'envoler.

» Toutes les hirondelles du vaste bassin
entre le pont des Tuileries et le Pont-

Neuf, et peut-être de plus loin, s'étaient réunies au nombre de plusieurs milliers. Elles faisaient nuage, toutes poussant le cri d'alarme et de pitié. Après une assez longue hésitation, et un conseil tumultueux, une d'entre elles inventa un moyen de délivrer leur compagne, le fit comprendre aux autres, et en commença l'exécution. On fit place : toutes celles qui étaient à portée vinrent à leur tour, comme à une course de bague, donner, en passant, un coup de bec à la ficelle.

» Ces coups, dirigés sur le même point, se succédaient de seconde en seconde, et plus promptement encore…. Une demi-heure de ce travail fut suffisante pour couper la ficelle, et mettre la captive en liberté.

» Mais la troupe, seulement un peu éclaircie, resta jusqu'à la nuit, parlant toujours d'une voix qui n'avait plus d'anxiété, comme se faisant mutuellement des félicitations et des récits. »

LE LOUP RECONNAISSANT.

Le jardin des Plantes possédait un grand loup de Norwége, redoutable par sa férocité.

Un jour, un jeune officier, qui visitait la ménagerie, s'arrêta devant sa loge, et, après l'avoir considéré avec soin, passa sa main à travers la grille.

Le gardien allait s'élancer pour l'arracher au danger, quand il s'aperçut que le

loup, au lieu de dévorer la main qu'on
lui avait tendue, la léchait, et témoignait
sa joie par les plus vives caresses ; l'officier expliqua alors aux assistants ébahis,
qu'avant d'embrasser la carrière mili-
taire, il avait étudié la médecine à Alfort ;
un jour on lui avait amené ce même loup,
alors très-jeune, qui avait été blessé à la
patte ; il l'avait soigné, avait fini par le
guérir, et était parvenu à s'en faire aimer.
Il ajouta qu'il voyait avec plaisir que son
ancien malade ne l'avait pas oublié, et
que, du reste, en tentant cette épreuve, il
comptait sur sa reconnaissance.

L'ÉLÉPHANT REPENTANT.

La conscience, qui reproche aux hommes leurs crimes, semble parler tout aussi haut dans le cœur des animaux; et l'on en a vus éprouver des remords, et témoigner un profond repentir de leurs fautes.

Telle est l'histoire d'un éléphant, dont font mention les annales de l'histoire naturelle.

Cet éléphant, maltraité par son cornac, l'avait tué dans un moment de colère.

La femme de ce malheureux, témoin du meurtre, prit ses enfants et les jeta aux pieds de l'animal encore furieux, en lui disant :

Puisque tu as tué mon mari, donne-moi aussi la mort à moi et à mes enfants !

L'éléphant s'arrêta aussitôt, et, comme s'il eût senti l'énormité de sa faute, et cherché à la réparer, autant qu'il était en son pouvoir, il prit avec sa trompe le plus grand des enfants, le mit doucement sur son cou, l'adopta pour cornac, et n'en voulut jamais souffrir d'autre.

L'OURS

ET LE MARMITON.

A la cour de Stanislas, roi de Pologne, vivait un pauvre petit marmiton, fort maltraité des autres cuisiniers, et relégué dans les combles, où il mourait de froid sur un grabat.

Un soir que la rigueur de la saison rendait ses tortures plus intolérables, ne pouvant plus y tenir, il résolut de se procurer un autre gîte, quel qu'il fut, et se mit à fureter dans les jardins et dans les cours. A la fin, il rencontra une vaste loge d'où sortait de la paille et une douce chaleur.

Il s'y blottit, et ne tarda pas à s'endormir d'un profond sommeil. Mais quelle ne fut pas sa terreur, quand le matin il s'aperçut qu'il avait eu pour compagnon, pendant toute la nuit, un ours énorme, enchaîné par le milieu du corps ! Cependant l'ours, loin de paraître lui vouloir du mal, lui faisait des caresses et des avances ; il le flairait avec son museau, et poussait vers lui avec une de ses pattes un os de la veille, qui n'était qu'aux trois quarts rongé. L'enfant épouvanté s'enfuit au plus vite ; mais la peur d'être battu l'empêcha de crier et de raconter son aventure. Quand le soir fut venu et que

notre marmiton se retrouva tout grelot-
tant dans son galetas, il se prit à regretter
la bonne nuit qu'il avait passée la veille,
et à désirer d'en passer encore une semblable; du reste, toute réflexion faite,
l'ours était une bonne bête, qui l'avait
bien reçu; s'il ne lui avait pas fait de mal
une première fois, il ne lui en ferait pas
une seconde; bref, insouciant comme on
l'est à cet âge, il regagna le logement de
son ami qui semblait l'attendre, et s'en-
dormit à ses côtés. Le lendemain, il s'ap-
puyait contre lui; quelques jours après,
il s'endormait entre ses bras, et il finit peu
à peu par prendre la douce habitude de
s'envelopper tous les soirs dans sa four-
rure vivante.

Tout alla bien jusqu'au moment où un domestique, trop matinal, surprit notre marmiton, que la chaleur de son lit avait engagé à faire la grasse matinée. A peine il en put croire ses yeux : mais le fait était trop évident pour qu'on pût le nier, et il courut le raconter au majordome, lequel le redit à un intendant, de sorte que le bruit de cette aventure ne tarda pas à parvenir jusqu'aux oreilles du roi. On épia l'enfant, et, quand le matin, il quitta son ami pour courir aux cuisines, il se trouva en présence de toute la cour. Le roi l'interrogea avec bonté, et lui fit raconter tout ce qui s'était passé, dans les plus grands détails.

Il va sans dire que le petit marmiton eut

une chambre plus chaude, et que l'ours obtint, pour sa récompense, le droit de se promener librement partout où il lui plairait.

— Ce fait, et un certain nombre de faits analogues, tendent à prouver que la réputation de férocité qu'on a faite à l'ours est peut-être exagérée. Ce qui semble le prouver, c'est qu'au Canada cet animal est presque réduit à l'état de domesticité. En effet, les femmes des soldats anglais avaient pris l'habitude, pendant la guerre de l'Indépendance, de laisser les enfants à leur garde, quand elles avaient quelques courses à faire hors de leur tente ou de leur cabane.

La tendresse maternelle est si développée

chez les ours, que si on vient à tuer un
de leurs petits, la pauvre mère ne peut se
décider à quitter le corps de son enfant ;
elle le caresse, cherche à le réchauffer, et
allaite l'innocente victime, longtemps encore après sa mort.

FIN.

TABLE

LA CHÈVRE

SUITE.

FIN DE LA TABLE.

www.ingramcontent.com/pod-product-compliance
Lightning Source LLC
LaVergne TN
LVHW050640090426
835512LV00007B/941